BEI GRIN MACHT SICH IHR
WISSEN BEZAHLT

- Wir veröffentlichen Ihre Hausarbeit,
  Bachelor- und Masterarbeit

- Ihr eigenes eBook und Buch -
  weltweit in allen wichtigen Shops

- Verdienen Sie an jedem Verkauf

Jetzt bei www.GRIN.com hochladen
und kostenlos publizieren

Bibliografische Information der Deutschen Nationalbibliothek:

Die Deutsche Bibliothek verzeichnet diese Publikation in der Deutschen National-
bibliografie; detaillierte bibliografische Daten sind im Internet über http://dnb.d-
nb.de/ abrufbar.

Impressum:

Copyright © 2020 GRIN Verlag
Druck und Bindung: Books on Demand GmbH, Norderstedt Germany
ISBN: 9783346230133

Dieses Buch bei GRIN:

https://www.grin.com/document/910268

Naomi Binder

Persönlichkeitspsychologie. Emotionale Intelligenz, soziale Unterstützung und zwanghafte Persönlichkeitsstörung in Abgrenzung zu Zwangsstörungen

GRIN Verlag

GRIN - Your knowledge has value

Der GRIN Verlag publiziert seit 1998 wissenschaftliche Arbeiten von Studenten, Hochschullehrern und anderen Akademikern als eBook und gedrucktes Buch. Die Verlagswebsite www.grin.com ist die ideale Plattform zur Veröffentlichung von Hausarbeiten, Abschlussarbeiten, wissenschaftlichen Aufsätzen, Dissertationen und Fachbüchern.

Besuchen Sie uns im Internet:

http://www.grin.com/

http://www.facebook.com/grincom

http://www.twitter.com/grin_com

Einsendeaufgaben

Persönlichkeitspsychologie

Alternative C

SRH Fernhochschule – The Mobile University

Modul: Persönlichkeitspsychologie

Von

Naomi Binder

Inhaltsverzeichnis

Abkürzungsverzeichnis

Abb.	Abbildung
bspw.	beispielsweise
bzw.	beziehungsweise
EI	emotionale Intelligenz
S.	Seite
u.a.	unter anderem
uvm.	und viele mehr
Vgl.	Vergleiche
z.B.	zum Beispiel

Abbildungsverzeichnis

1. Aufgabe C1

1.1 „Emotionale Intelligenz" und die Abgrenzung zum klassischen Intelligenzbegriff

Die **Einführung des Begriffs** „emotionale Intelligenz" erfolgte 1990 durch John D. Mayer und Peter Salovey[1], welche diese als Fähigkeitsmodell präsentierten. Dieses stellt Fähigkeiten im Kontext der Emotionen dar, also bspw. die Wahrnehmung und Nutzung, sowie das Verstehen und den Umgang mit diesen Empfindungen.[2]

Das Modell von Mayer und Salovey wurde 1997 überarbeitet und erneut veröffentlicht[3], der Begriff der „emotionalen Intelligenz" oder abgekürzt „EI" wurde aber bereits 1995 durch den amerikanischen Journalisten und Psychologen David Goleman bekannt[4] durch die Veröffentlichung seines gleichnamigen Buches. In diesem stellt Goleman ein eigenes Modell der „emotionalen Intelligenz" dar, welches aber auch auf die erste Theorie von Mayer und Salovey zurückgeht.[5]

Um den Begriff nun genauer zu beleuchten sollen zuerst die **Definitionen** für die Bestandteile „Emotionen" und „Intelligenz" nach dem Verständnis von Mayer und Salovey genannt werden.

Unter **Emotionen** verstehen sie dabei sowohl Gefühle, welche physiologische Reaktionen bewirken, als auch kognitive Prozesse. Diese kognitiven Prozesse sind aber im Gegensatz zum klassischen Intelligenzbegriff, ausschließlich auf die Bewertung von Emotionen zu beziehen.

---

[1] Vgl. Mayer, Salovey (1993).
[2] Vgl. Day et al. (2011), S.693.
[3] Vgl. Becker (2014), S. 112.
[4] Vgl. Goleman (1997).
[5] Vgl. Becker (2014), S. 113.

Intelligenz wiederum definieren die beiden in diesem Zusammenhang als Fähigkeit Informationen zu reflektieren, sie zu verarbeiten und daraus Konsequenzen zu ziehen.[6]

Entsprechend werden unter **emotionaler Intelligenz** die Fähigkeiten verstanden „eigene und/oder fremde Emotionen wahrnehmen, interpretieren, verstehen, ausdrücken, nutzen und steuern [zu] können"[7]

In Abgrenzung dazu wird in der Psychologie der **klassische Intelligenzbegriff** weitgehend als Sammelbegriff für kognitive Leistungsfähigkeit verwendet.[8]

Bspw. werden darunter folgende Fähigkeiten verstanden: [9]
- Effiziente Informationsverarbeitung und -aufnahme
- Schnelles Ableiten von Gesetzmäßigkeiten
- Erkennen von Zusammenhängen
- Effektive Problemlösung durch Auffassung und Kombination von Informationen und Regeln

Die Theorien und Konzepte zur genauen Definierung von Intelligenz sind aber zahlreich[10], weshalb diese Auflistung nur als ein Beispiel zur Veranschaulichung dienen soll.

Der deutliche Unterschied zwischen „klassischer Intelligenz" und „emotionaler Intelligenz" ist also, dass der Begriff der „EI" nicht auf kognitive Fähigkeiten bezogen, sondern in non-kognitiven Bereichen angewandt wird.[11]

---

[6] Vgl. Becker (2014), S. 112.
[7] Rauthmann (2017), S. 205.
[8] Vgl. Becker (2014), S. 89.
[9] Vgl. Platzer, Schmitt (2010), S. 127.
[10] Vgl. Becker (2014), S. 89.
[11] Vgl. Rauthmann (2016), S. 22.

1.2 Ein Modell der emotionalen Intelligenz

Das unter 1.1 bereits erwähnte Modell der emotionalen Intelligenz von **Mayer und Salovey** soll nun genauer dargestellt werden.

Dieses Modell umfasste 1990 die erste Theorie zur emotionalen Intelligenz und bahnte somit den Weg für die weiteren Modelle von beispielsweise Goleman, welches das populärste Modell ist, oder von Bar-On im Jahr 2005, welcher dann als erster Forscher auch ein Testverfahren für emotionale Intelligenz entwickelte.[12]

Entsprechend der überarbeiteten Fassung von Salovey und Mayer lässt sich ihr **Modell** über folgende Fähigkeiten aufbauen:[13]

- Erkennen, Analyse und Ausdruck von Emotionen
- Wahrnehmen der Zusammenhänge zwischen Denken und Gefühlen, Unterstützung kognitiver Prozesse durch Nutzen der Emotionen
- Verständnis von Emotionen und Applikation des Wissens
- Durch Reflexionen Gefühle regulieren und dadurch emotionales und intellektuelles Wachstum fördern

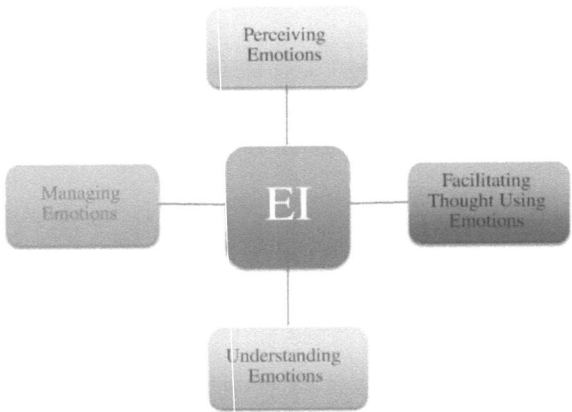

Abb. 1: The Mayer and Salovey (1997) four-branch model of emotional intelligence (EI) abilities[14]

---

[12] Vgl. Becker (2014), S. 112-114.
[13] Vgl. Day et al. (2011), S. 693.
[14] Fiori, Vesely-Maillefer (2018), S. 26.

Innerhalb ihres Modells werden **zwei Bereiche** unterschieden, auf welche die oben genannten Aspekte aufgeteilt werden. Der Erfahrungs- und Erlebnisbereich, sowie der Strategiebereich.

Ersterer umfasst alle Bereiche, welche aus dem Erleben abgeleitet werden können oder damit in Bezug stehen. Dazu werden die beiden Fähigkeiten des Erkennens und Ausdrucks von Emotionen und die Unterstützung kognitiver Prozesse durch Gefühle gezählt.

Wohingegen der zweite Bereich alle Aspekte enthält, welche Handlungspläne anbelangen oder Zielsetzungen aufgreifen. Hierzu zählen also die Punkte Verständnis von Emotionen und die reflexive Regulierung. Diesen Bereich sehen Salovey und Mayer als den stärker nuancierten an im Vergleich zum Erfahrungs- und Erlebnisbereich. [15]

Das Modell von Salovey und Mayer zeigt also auf, dass sich im **Erfahrungs- und Erlebensbereich** die Menschen unterteilen lassen, je nachdem wie gut sie Emotionen erkennen können durch die Stimmlage oder das Verhalten der anderen. Oder auch danach, ob Menschen die Emotionen zur Unterstützung bei kognitiven Leistungen anwenden oder nicht. Durch dieses Nutzen der Gefühle können andere Prioritäten gesetzt werden, unterschiedliche Perspektiven zur Problemlösung herangezogen werden, sowie auch Zusammenhänge zwischen bestimmten Emotionen und Fähigkeiten erkannt werden.[16]

Auch im **Strategiebereich**, beinhaltet das Modell die Unterscheidung der Menschen nach ihren Fähigkeiten. In diesem Bereich wird dabei betrachtet, wie weit Beziehungen zwischen den Emotionen erkannt werden oder wie gut Emotionen unterschieden und deklariert werden können. Der Aspekt der Reflexion hingegen betrachtet, inwieweit sich Personen von ihren Emotionen distanzieren können, um diese aus einer anderen Perspektive zu betrachten und möglichst nützliche Informationen daraus zu deduzieren.[17]

---

[15] Vgl. Day et al. (2011), S. 692-697.
[16] Vgl. Becker (2014), S. 112.
[17] Vgl. Becker (2014), S. 112-113.

Zur **Erfassung** und Analyse der Fähigkeiten bzw. der vier genannten Komponenten der emotionalen Intelligenz wurde ein Leistungstest erstellt. Dieser wird Mayer-Salovey-Caruso-Emotional Intelligence-Test genannt, kurz MSCEIT.[18]

1.3 Diskussion:
Emotionale Intelligenz als gesundheitsrelevanter Faktor

Durch die vorhergehende Erläuterung der möglichen Aspekte von emotionaler Intelligenz wird ersichtlich, dass dieser Begriff ein weites Feld umfasst.

Doch inwiefern besteht ein **Zusammenhang** zwischen emotionaler Intelligenz eines Menschen und dessen Gesundheit?

Emotionen gelten als grundlegende Funktionen des Menschen und damit ist auch das Erlernen der Emotionsregulierung ein wichtiger Entwicklungsschritt, welcher Auswirkungen auf soziale, aber auch gesundheitliche Faktoren im Leben hat.[19]

Die Rolle von Emotionen und EI ist jedoch insofern noch umstritten, als dass sich Gefühle und die damit verbundenen Fähigkeiten meist nur schlecht nachweisen und messen lassen. Es gibt zwar bereits Testverfahren, jedoch gibt es **Diskussion**, ob man diese tatsächlich auswerten kann.[20]

Diese Frage nach der wissenschaftlichen Grundlage bei der Thematik sollte man bedenken, bei den nun folgenden Punkten.

Die emotionale Intelligenz ist für sehr viele Bereiche relevant und kann auch über soziale Situationen hinaus betrachtet werden. Außerdem ist die EI bedeutsam für psychische Gesundheit oder soziale Beziehungen, wie in der Familie, unter Freunden oder im Arbeitsumfeld.[21]

---

[18] Vgl. Caruso et al. (2003).
[19] Vgl. DeSteno et al. (2013).
[20] Vgl. Becker (2014), S. 114.
[21] Vgl. Asendorpf (2019), S. 110.

Auch im Rahmen einer Therapie ist das Trainieren der Emotionsregulationen, also intrapsychischer und interpersonaler emotionaler Intelligenz, nachweisbar erfolgssteigernd, wie Studien von Znoj, Nick und Grawe bereits zeigen.[22]

Wenn also die Fähigkeiten, welche zusammengefasst als emotionale Intelligenz bezeichnet werden, uns dazu verhelfen Situationen anders zu handhaben, welche wir zuvor noch nicht bewältigen konnten, steigert dies unsere **psychische Gesundheit.**

Genauso wie ein stabiles und funktionierendes Umfeld unsere Gesundheit schützen und stärken kann, egal ob beruflich oder privat. Denn letztlich lassen diese Umstände uns wiederrum mehr Glück, Zufriedenheit und Ruhe empfinden und somit Stressgefühle vermeiden.

Diese positiven Gefühle führen damit auch körperlich zu einer besseren Gesundheit. Denn der Körper reagiert auf Emotionen wie Stress oder auch Glück mit **physiologischen Prozessen**, die bspw. zu höherem/ niedrigerem Blutdruck, gesteigertem/ gesenktem Erkrankungsrisiko uvm. führen können.

Zusammenfassend lässt sich also schließen, dass eine erhöhte emotionale Intelligenz auch gesundheitlich relevante Faktoren hervorruft. Durch die bspw. bessere Reflexion und Distanzierungsmöglichkeit von den eigenen Gefühlen, können Situationen flexibler und dennoch kraftvoll und effizient gehandhabt werden.

---

[22] Vgl. Grawe et al. (2004), S. 268.

2. Aufgabe C2

2.1 Soziale Unterstützung: Definition und Einordnung als Persönlichkeitsmerkmal

Der Grad an Hilfe von anderen, welche man in belastenden Situationen erhält, wird als **soziale Unterstützung** verstanden. Diese kann aus mehreren Aspekten bestehen: instrumentelle (z.B. finanzielle Unterstützungen), emotionale (z.B. Trost und Aufmunterung) oder informative Hilfe (z.B. Ratschläge).[23] Wichtig ist hierbei auf die Unterscheidung von tatsächlich erhaltener und wahrgenommener sozialer Unterstützung zu achten.[24]

Inwiefern kann soziale Unterstützung also als **Persönlichkeitsmerkmal** eingeordnet werden?

Ein Persönlichkeitsmerkmal bezeichnet eine relativ stabile, längerfristige Eigenschaft einer Person sich in bestimmter Art und Weise zu verhalten oder zu denken und zu fühlen.[25] Soziale Unterstützung erfolgt auf den ersten Blick durch das Umfeld und nicht durch die Person selbst. Jedoch besteht soziale Unterstützung nicht nur aus der tatsächlich erhaltenen Unterstützung, sondern auch aus der Fähigkeit Hilfe anzunehmen oder sogar einzufordern. Auch die Erwartung, in einer Notsituation Unterstützung und Hilfe zu erhalten, gehört zum Aspekt der sozialen Unterstützung dazu.[26] Beides sind somit Charakter- bzw. Persönlichkeitsmerkmale, da es Eigenschaften sind in welchen sich Menschen unterscheiden können in ihrem Verhalten (Hilfe annehmen oder erfragen), ihrer Denkweise (Notwendigkeit oder auch Verwerflichkeit Unterstützung anzunehmen) oder ihrer Gefühle (Empfinden auf keine oder auch auf besonders viel Hilfeleistung zurückgreifen zu können).

---

[23] Vgl. Asendorpf, Neyer (2018), S.264.
[24] Vgl. Schröder (1997), S. 331.
[25] Vgl. Rauthmann (2017), S.69.
[26] Vgl. Becker (2014b), S. 34-35.

2.2 Zusammenhänge mit der Gesundheit

Um den Zusammenhang von sozialer Unterstützung mit **Gesundheit** darstellen zu können, soll im Folgenden zuerst noch die Begrifflichkeit zu „Gesundheit" geklärt werden.

Zur Definition von Gesundheit gibt es bereits mehrere Ansätze, wie die positive Betrachtung durch die WHO[27] oder die Konzepte von Gesundheit, welche sich an den gesellschaftlichen Vorstellungen und Normen orientieren, wie bspw. die Definition des Sozialversicherungsrechts.[28]

In dieser Arbeit soll Gesundheit jedoch im Allgemeinen auf einer ganzheitlichen Ebene betrachtet werden. Gesundheit setzt sich somit aus körperlichen, psychischen und sozialen Aspekten zusammen und kann sowohl subjektiv wahrgenommen werden, aber auch aus der objektiven Perspektive betrachtet und gemessen werden. Dazu ist zu nennen, dass Gesundheit ein variabler Zustand ist, der sich auf das Befinden der Person, aber auch auf deren Handlungsmöglichkeiten beziehen kann.[29]

Die soziale Unterstützung gehört zu den sozialen Ressourcen, welche man nach Hobfoll in individuellem Ausmaß zur Verfügung hat. Neben den sozialen Ressourcen zählen auch die personalen Ressourcen als Grundlage zur Bewältigung von belastenden Situationen.[30]
Diese Ressourcen mildern Belastungen ab, wodurch nachgewiesenermaßen das Risiko an daraufhin sich entwickelnden Krankheiten sinkt.[31]

---

[27] Vgl. World Health Organisation (1987).
[28] Vgl. Faltermaier (2005), S. 35.
[29] Vgl. Becker (2014b), S. 24-25.
[30] Vgl. Hobfoll (1989), S. 512-516.
[31] Vgl. Faltenmaier (2005), S. 103-105.

Auch wenn Gesundheit und Krankheit sich nicht gegenseitig ausschließen nach heutigem Verständnis, so wirkt resümierend sich die soziale Unterstützung und die daraus entstehende Abmilderung von Belastungen doch auch sowohl im psychischen, physischen und sozialen Aspekt auf das Wohlbefinden und somit die Gesundheit der Betroffenen aus.

2.3 Diskussion: Auswirkungen einer stabilen Partnerschaft auf die Bewältigung chronischer Krankheiten

Erkrankungen stellen immer eine Art der Belastung für die Betroffenen dar. Doch besonders chronische Krankheiten können viele weitere psychische, physische und soziale Schwierigkeiten nach sich ziehen.

Chronische Krankheiten sind u.a. oftmals gekennzeichnet von[32]:

- Konfrontation mit der eigenen Vulnerabilität
- Ganzheitliche Einschränkungen (z.B. durch Schmerzen, körperliche Behinderungen oder psychische Symptome)
- Auswirkungen auf Verhalten, Denkweisen, psychische Prozesse oder soziale Interaktionen
- Kontrollverlust durch Unvorhersehbarkeit und meist Aussichtslosigkeit der Krankheit
- Lang andauernde bis lebenslange Prozesse der Therapiemöglichkeiten

Durch diese schwierigen Umstände und Belastungen für die Betroffenen ist die Nutzung sozialer Ressourcen besonders wichtig.

Dass **soziale Unterstützung** sich positiv auf Gesundheit auswirken kann wurde bereits in 2.2 genauer betrachtet. Auch wenn diese Gesundheit nicht bedeutet, dass die chronische Krankheit nicht mehr existent ist, so bedeutet Gesundheit doch im ganzheitlichen Ansatz, dass man auf subjektiver Ebene sich körperlich, psychisch oder sozial wohlfühlt. Hier kann also Gesundheit nicht durch eine chronische Krankheit automatisch ausgeschlossen werden. Zudem gilt soziale

---

[32] Vgl. Fröhlich-Rüfenacht S, Rousselot A, Künzler A S.206-207.

Unterstützung, welche man durch einen vertrauensvollen Partner erfahren kann, als soziale Ressource. Diese Bewältigungsressourcen können dazu beitragen einen angemessenen Coping-Prozess zu starten, um schlussfolgernd dadurch besser mit den Anspannungen und Belastungen einer chronischen Erkrankung zurecht zu kommen.[33]

Eine **stabile Partnerschaft** als mögliches höchstes Ausmaß an sozialer Unterstützung konnte bereits bei genaueren Betrachtungen der Variationen sozialer Unterstützung festgestellt werden.[34] Wodurch nochmals unterstrichen wird, dass nicht nur soziale Unterstützung im Allgemeinen sondern eine zuverlässige Partnerschaft im Besonderen unterstützend für Betroffene einer chronischen Erkrankung wirken können.

Auf der **Gegenseite** sollte allerdings dabei nicht außer Acht gelassen werden, dass nur durch eine stabile Partnerschaft natürlich noch nicht gegeben ist, dass der Partner oder die Partnerin tatsächlich in der Lage sind diese soziale Unterstützung in angemessener Weise und im nötigen Umfang zu leisten. Auch die Eigenschaft des Erkrankten, diese Hilfe anzunehmen und bei Bedarf die Unterstützung einzufordern, ist natürlich eine Voraussetzung, damit sich die Partnerschaft positiv auf die Gesundheit auswirken kann.

---

[33] Vgl. Becker (2014b), S.29.
[34] Vgl. Schramm (2006), S. 84.

3. Aufgabe C3

3.1 Definition und Messbarkeit von Ängstlichkeit

In der Psychologie wurden im Laufe der Zeit bereits **mehrere Konzepte** zur Angst entwickelt. So hat Freud die Angst definiert als Reaktion, wenn das Ich droht den bedrohlichen Reizen nicht mehr standhalten zu können. Er unterteilte Angst außerdem in Realangst, neurotische Angst und moralische Angst.[35] Weitere Konzepte, wie Spielbergers Trait-State-Modell versuchen nicht nur Angst zu definieren, sondern auch Angst von Ängstlichkeit zu differenzieren.[36] Die heutige Forschung konnte zumindest einen einheitlichen Bestandteil der **Definition für „Angst"** festlegen. Dabei wird der affektive Zustand beschrieben, welchen der Organismus annimmt, sobald er Angst erlebt. Die Merkmale sind dabei das motorisch-expressive Verhalten, ureigenes Angsterleben und Reaktionen im Körper, auf bspw. Blutdruck, Herzschlag, Atemfrequenz oder ausgeschüttete Stresshormone.[37]

Nach Spielbergers Konzeption von Angst und Ängstlichkeit, kann man Angst zudem in zwei verschiedene Arten von Angst einteilen. Er benannte hierbei die Angst als Eigenschaft und die Angst als Zustand. Dabei ist sie als Zustand bewusst wahrzunehmen durch Unruhe, Nervosität oder Anspannung. Wohingegen die Angst als Eigenschaft keine situative, sondern eine stabile Neigung einer Person beschreibt. Durch diese Eigenschaft ist die Person ängstlich, ordnet also Situationen deutlich häufiger als bedrohlich ein.[38] Diese Unterscheidung zwischen Zustandsangst und Eigenschaftsangst wandte auch Raymon Cattel,, ein Persönlichkeitspsychologe an.[39] Diese Situationen, in welchen man ängstliches Verhalten beobachten kann, werden in neueren Angsttheorien, wie der Endler Multidimensional Anxiety Scale in vier verschiedene Situationstypen unterteilt.[40]

---

[35] Vgl. Freud (2013).
[36] Vgl. Becker (2014), S. 119-120.
[37] Vgl. Becker (2014), S. 119.
[38] Vgl. Spielberger (1966).
[39] Vgl. Cattell (1966).
[40] Vgl. Geßner, Laux (2008), S. 221.

- Alltägliche Situationen
- Physisch bedrohliche Situationen
- Soziale Bewertungssituationen
- Mehrdeutige Situationen

Zusammenfassend kann man also **Ängstlichkeit definieren**, als die langfristige Eigenschaft, in einer oder mehreren der oben genannten Situationen, Bedrohung zu empfinden. Dieser Vorgang ist rein kognitiv führt jedoch zu Angst in Form einer Emotion und somit eines kurzfristigen Zustands inklusive entsprechender physiologischer Reaktionen.[41]

Doch wie kann Ängstlichkeit als Persönlichkeitseigenschaft gemessen und erfasst werden?

Aufbauend auf seinem Trait-State-Modell hat Spielberger auch das **State-Trait-Angstinventar (STAI)** entwickelt. Dieses bewertet jeweils 20 Items mithilfe von Skalen sowohl für Angst als Zustand, als auch als Eigenschaft. Dabei wird im Trait-Angst-Teil angegeben, wie die Probanden sich im Allgemeinen fühlen und im State-Angst-Teil wird die Skalierung in Bezug auf die momentane Situation vorgenommen.[42]

Abb. 2: Ausschnitt aus einem Trait-Angst-Teil des STAI[43]

DIRECTONS: A number of statements which people have used to describe themselves are given below. Read each statement and then write the number in the blank at the end of the statement that indicates **how you generally feel**. There is no right or wrong answer. Do not spend too much time on any one statement but give the answer which seems to describe how you generally feel.

S. No.		Almost Never	Some - time	Often	Almost Always
21.	I feel pleasant	1	2	3	4
22.	I feel nervous and restless	1	2	3	4
23.	I feel satisfied with myself	1	2	3	4
24.	I wish I could be as happy as others seem to be	1	2	3	4
25.	I feel like a failure	1	2	3	4
26.	I feel rested	1	2	3	4
27.	I am calm, cool, and collected	1	2	3	4
28.	I feel that difficulties are piling up so that I cannot overcome them	1	2	3	4

---

[41] Vgl. Becker (2014), S. 120-121.
[42] Vgl. Geßner, Laux (2008), S. 220.
[43] STAI-Form (2013).

Dieses Modell als Messinstrument wird zwar häufig angewandt jedoch heutzutage kritisch betrachtet, da die Items nicht geeignet sind, um Ängstlichkeit und Angst in verschiedenen Situationen zu messen. Die Items des STAI beziehen sich nur auf Situationen, welche bedrohlich für den Selbstwert sind und somit nur psychische Belastung darstellen. Situationen mit bedrohlicher physischer Gewalt werden nicht abgebildet.[44]

Bereits vor der Entwicklung des STAI durch Spielberger wurde ein Persönlichkeitstest angewandt zur Messung der Ängstlichkeit: Die **„Manifest Anxiety Scale"** von J. A. Taylor wurde bereits 1953 veröffentlicht.[45]

Es werden zur Messung in der Forschung seither viele verschiedene Verfahren genutzt. So werden, um nur ein Beispiel zu nennen, in Studien zu Angst und Ängstlichkeit von Vorschulkindern **standardisierte Interviews** geführt.[46] Dieses Messinstrument findet häufige Anwendung bei der Messung von Ängstlichkeit.

3.2 Erläuterung zwanghafter Persönlichkeitsstörung und deren Behandlungsmöglichkeiten

Zur Erläuterung einer zwanghaften Persönlichkeitsstörung sollte zuerst die Definition für Persönlichkeitsstörungen im Allgemeinen genannt werden.

Kennzeichen einer Persönlichkeitsstörung sind:[47]

- Langanhaltende, tief verwurzelte Verhaltensmuster
- Auswirkung auf verschiedene Bereiche des Verhaltens und ein breites Spektrum an Situationen
- Keine direkte Ursache in anderen psychischen Störungen oder eines medizinischen Zustands

---

[44] Vgl. Geßner, Laux (2008), S.221.
[45] Vgl. Taylor (1953), S. 285–290.
[46] Vgl. Kriependorf, Lugt-Tappeser (1992).
[47] Vgl. Caspar et al. (2018a), S. 131-132.

- Kein Ursprung in der Einnahme von psychoaktiv wirkenden Substanzen
- Nachweisbarer Ursprung in der Kindheit oder Adoleszenz
- Soziale, berufliche oder persönliche Beeinträchtigungen
- Ich-syntone Symptomatik

Die Persönlichkeitsstörungen werden entsprechend des Diagnostischen und Statistischen Manuals Psychischer Störungen (DSM) in drei Cluster eingeordnet. Die **zwanghafte Persönlichkeitsstörung** gehört hierbei zu Gruppe C, welcher als gemeinsame inhaltliche Komponenten die Merkmale „ängstlich" und „furchtsam" zugeordnet werden.[48]

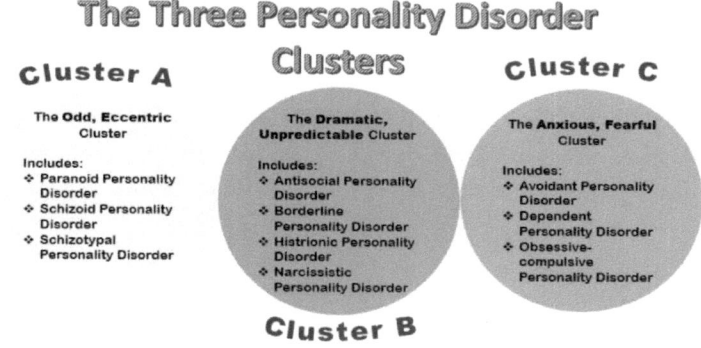

Abb. 3: Three Personality Disorder Clusters[49]

Im Vergleich hierzu wird in der Internationale Statistische Klassifikation der Krankheiten und verwandter Gesundheitsprobleme (ICD) die zwanghafte Persönlichkeitsstörung eingeordnet als anankastische (zwanghafte) Persönlichkeitsstörung (F60.5).[50]

Die Einordnung entsprechend der neueren Klassifikation Internationale Klassifikation der Funktionsfähigkeit, Behinderung und Gesundheit (ICF)[51] soll in dieser Arbeit keine weitere Verwendung finden, da die ICF zum aktuellen Zeitpunkt noch nicht so verbreitet ist, wie die ICD.

---

[48] Vgl. Döpfner, Falkai (2015).
[49] www.medium.com/@richar92/root-and-seed-92f0ed601cc8
[50] Vgl. Dilling et al. (2015).
[51] Vgl. DIMDI (2005).

Entsprechend der Klassifizierung, sowohl nach DSM-IV, als auch nach ICD-10 ist die zwanghafte Persönlichkeitsstörung vor allem **gekennzeichnet durch**: [52]

- Fehlende Flexibilität im Denken und Handeln
- Starre Idealbilder und Streben nach Perfektion
- Übersteigerte Wichtigkeit von Regeln, Details, Konventionen oder Ordnung
- Verhältnismäßig übersteigerte Zweifel oder Vorsicht
- Rigidität und Eigensinn
- Kontrolle des Verhaltens anderer und Aufzwängen der eigenen Moralvorstellungen

Personen, welche unter einer zwanghaften Persönlichkeitsstörung leiden orientieren sich somit übermäßig an moralischen Lebensgrundsätzen, Normen und Regeln. Durch diesen Perfektionismus und die Gründlichkeit halten sie sich oftmals selbst von der Fertigstellung von Aufgaben ab oder hindern ihr Umfeld an der Arbeit.[53]

Behandlungsmöglichkeiten für eine zwanghafte Persönlichkeitsstörung stellen sich in Form einer Psychotherapie dar, wobei eine psychiatrische Behandlung oftmals nicht notwendig ist.[54] Die Klassifikation und Diagnostizierung von Persönlichkeitsstörungen ist allerdings stark umstritten und sollte in jedem Fall nur mit entsprechender Sensibilität für die Auswirkungen erfolgen.[55]

Im Rahmen der therapeutischen Ansätze sind nach aktuellem Forschungsstand die kognitive Therapie, sowie die verhaltenstherapeutischen Verfahren besonders wirksam.[56] Um den Betroffenen zu helfen, mit sich und der aktuellen Situation besser durch den Alltag zu kommen wird außerdem auch oft Psychoedukation angewandt.[57]

---

[52] Vgl. Caspar et al. (2018a), S.136.
[53] Vgl. Schnell (2016), S. 124-125.
[54] Vgl. Hoffmann, Hofmann (2010), S. 19-26.
[55] Vgl. Becker (2014b), S.67-68.
[56] Vgl. DGPPN (2011).
[57] Vgl. Kanfer, Schmelzer (2006).

Natürlich wird an notwendiger Stelle auch oftmals eine medikamentöse Behandlung genutzt, welche jedoch bei Persönlichkeitsstörungen lediglich zur Symptombehandlung bzw. -linderung dient.[58]

3.3 Zwangsstörung im Vergleich zu zwanghafter Persönlichkeitsstörung

Im Alltagsverständnis verschwimmen oft die Grenzen zwischen der oben erläuterten zwanghaften Persönlichkeitsstörung und einer Zwangsstörung. Jedoch besteht nachweisbar keine Relation zwischen den beiden Diagnosen.

Im Folgenden soll daher nochmal konkret auf die Unterschiede eingegangen werden.

Entsprechend der **Klassifikation** nach ICD-10 gehört die Zwangsstörung zu den psychischen Störungen und wird als F42 eingeordnet.[59] Die DSM-V führt die Störung unter dem Oberbegriff „Zwangsstörung und verwandte Störungen" auf.[60]

Die wohl deutlichste **Unterscheidung** zwischen der Zwangsstörung und der zwanghaften Persönlichkeitsstörung liegt in der Empfindung des Zwangs durch die betroffenen Personen.

Bei einer Zwangsstörung empfinden die Betroffenen die Handlung oder den Gedanken als Zwang, welchen Sie selbst nicht als sinnvoll einordnen, aber nicht unterdrücken können.[61] Durch diese Divergenz zwischen dem eigenen Verständnis für die Sinnhaftigkeit oder Notwendigkeit der Handlung/ des Gedanken und dem eigenen inneren Bedürfnis zur Ausführung entsteht bereits hier ein großer Leidensdruck.

---

[58] Vgl. Caspar et al. (2018b), S.131-140.
[59] Vgl. Dilling et al. (2015).
[60] Vgl. Döpfner, Falknai (2015).
[61] Vgl. Schnell (2016), S.125

Im Vergleich zur ich-syntonen („zum Ich gehörend") Eigenschaft der Persönlichkeitsstörung, gilt die Zwangsstörung also als ich-dyston. Dies bedeutet, dass die Zwangsgedanken oder Zwangshandlungen ich-fremd und somit nicht zur Person gehörig und störend empfunden werden.[62]

Ähnlich wie bei der zwanghaften Persönlichkeitsstörung werden durch dieses Störungsbild normale alltägliche Aktivitäten stark beeinflusst.

---

[62] Vgl. Caspar et al. (2018a), S.7.

Literaturverzeichnis

Asendorpf, J., Neyer, F. (2018): Psychologie der Persönlichkeit. 6. vollständig überarbeitete Auflage. Berlin: Springer

Asendorpf, J. (2019): Persönlichkeitspsychologie für Bachelor. 4. vollständig überarbeitete Auflage. Berlin: Springer

Becker, B. (2014b): Praxisfelder der Differentiellen und Persönlichkeitspsychologie. Titel Nr. 1106-01, Studienbrief der SRH Fernhochschule, Riedlingen.

Becker, B. (2014): Grundlagen der differenziellen und Persönlichkeitspsychologie. Titel Nr. 1105-01, Studienbrief der SRH Fernhochschule, Riedlingen

Caruso, D., Mayer, J. D., Salovey, P., Sitarenios, G. (2003): Measuring emotional intelligence with the MSCEIT V2.0. In: Emotion (Washington, D.C.) 3 (1)

Caspar, F., Pjanic, I., Westermann, S. (Hg.) (2018a): Klinische Psychologie. Wiesbaden: Springer

Caspar, F., Pjanic, I., Westermann, S. (2018b): Persönlichkeitsstörungen. In: Franz Caspar, Irena Pjanic und Stefan Westermann (Hg.): Klinische Psychologie. Wiesbaden: Springer

Cattell, R. B. (1966): The Scientific Analysis of Personality. Aldine Publishing Company

Day, L., Macaskill, A., Maltby, J. (2011): Differentielle Psychologie, Persönlichkeit und Intelligenz. Unter Mitarbeit von Denis Köhler. 2., aktualisierte Auflage [der englischen Ausgabe]. München: Pearson Studium

DeSteno, D.; Gross, J.; Kubzansky, L. (2013): Affective science and health: the importance of emotion and emotion regulation. In: Health psychology : official journal of the Division of Health Psychology, American Psychological Association 32 (5)

DGPPN Deutsche Gesellschaft für Psychiatrie, Psychotherapie und Nervenheilkunde (2011): AWMF online - S2-Leitlinie Psychiatrie: Persönlichkeitsstörungen. Zugriff am 07.06.2020, Verfügbar unter https://web.archive.org/web/20130123230146/http://www.awmf.org/uploads/tx_szleitlinien/038-015l_S2_Persoenlichkeitsst%C3%B6rung_2011-09_01.pdf

Dilling, H., Mombour, W., Remschmidt, H., Schmidt, M., Schulte-Markwort, E., (Hg.) (2015): Internationale Klassifikation psychischer Störungen. ICD-10 Kapitel V (F) klinisch-diagnostische Leitlinien. Weltgesundheitsorganisation. 10. Auflage. Bern: Hogrefe

DIMDI Deutsches Institut für Medizinische Dokumentation und Information (Hrsg.) (2005): Internationale Klassifikation der Funktionsfähigkeit, Behinderung und Gesundheit (ICF), Genf: WHO

Döpfner, M., Falkai, P. (2015): Diagnostisches und statistisches Manual psychischer Störungen– DSM-5®. Göttingen: Hogrefe

Faltermaier, T. (2005): Gesundheitspsychologie. Grundriss der Psychologie Band 21, Stuttgart: Kohlhammer

Fiori, M.; Vesely-Maillefer, A. (2018): Correction to: Emotional Intelligence as an Ability: Theory, Challenges, and New Directions. In: Kateryna V. Keefer, James D. A. Parker und Donald H. Saklofske (Hg.): Emotional Intelligence in Education. Integrating Research with Practice. Cham: Springer

Freud, S. (2013): Inhibitions, symptoms and anxiety. Mansfield Centre, CT: Martino Publishing (The international psycho-analytical library, no. 28)

Fröhlich-Rüfenacht S, Künzler A., Rousselot, A.: Psychosoziale Aspekte chronischer Erkrankungen und deren Einfluss auf die Behandlung. Zugriff am 07.06.2020, Verfügbar unter https://www.chronischkrank.ch/wp-content/uploads/2016/09/smf-01425.pdf

Geßner, A., Laux, L. (2008): Persönlichkeitspsychologie. 2., überarbeitete Auflage. Stuttgart: Kohlhammer

Goleman, D. (1997): Emotional intelligence (A Bantam trade paperback) 2. Auflage. München: dtv

Grawe, K., Nick, L., Znoj,H. (2004): Intrapsychische und interpersonale Regulation von Emotionen im Therapieprozess. In: Zeitschrift für Klinische Psychologie und Psychotherapie 33 (4)

Hobfoll, S.E. (1989): Conservation of resources. A new attempt at conceptualizing stress. American Psychologist, 44 (3)

Hoffmann, N., Hofmann, B. (Hg.) (2010): Zwanghafte Persönlichkeitsstörung und Zwangserkrankungen. Therapie und Selbsthilfe. Berlin: Springer

Kanfer, F., Schmelzer, D. (2006): Wegweiser Verhaltenstherapie. Psychotherapie Als Chance. 2. Auflage. Dordrecht: Springer

Kriependorf, P., Lugt-Tappeser, H. (1992): Das standardisierte Interview zur Erfassung der Ängstlichkeit im Kindesalter. Marburg (Berichte aus dem Fachbereich Psychologie der Philipps-Universität Marburg, Lahn, 107)

Mayer, J. D., Salovey, P. (1993): The intelligence of emotional intelligence. In: Intelligence 17 (4)

Platzer, C , Schmitt, M. (2010): Differentielle Psychologie und Persönlichkeitspsychologie kompakt. Mit Add-on. 1. Auflage. Weinheim: Beltz

Rauthmann, J. F. (2016): Grundlagen der Differentiellen und Persönlichkeitspsychologie. Eine Übersicht für Psychologie-Studierende. 1. Auflage. Wiesbaden: Springer (essentials)

Rauthmann, J. F. (2017): Persönlichkeitspsychologie: Paradigmen - Strömungen - Theorien. Berlin: Springer

Schnell, T. (Hg.) (2016): Praxisbuch: Moderne Psychotherapie. Der Guide bei komplexen Störungsbildern. Berlin: Springer

Schramm, E. (2006): Interpersonelle Psychotherapie bei Depressionen und andere psychische Störungen, Schattauer

Schröder, K. (1997): Persönlichkeit, Ressourcen und Bewältigung, In: Schwarzer, R. (Hg.): Gesundheitspsychologie, Göttingen: Hogrefe

Spielberger, C.D. (Hg.) (1966): Anxiety and behavior. New York: Academic Press

STAI-Form (2013): STAI-Form. Zugriff am 07.06.2020, Verfügbar unter https://www.pdffiller.com/jsfiller-desk18/?projectId=468775315#e2f6bcc0eaa2de39f805dd81109b4a5b

Taylor, J. A. (1953): A personality scale of manifest anxiety. In: Journal of abnormal psychology 48 (2)

World Health Organization (1987): Ottawa charter for health promotion. An international conference on health promotion, Copenhagen: WHO office for Europe

BEI GRIN MACHT SICH IHR WISSEN BEZAHLT

- Wir veröffentlichen Ihre Hausarbeit,
  Bachelor- und Masterarbeit

- Ihr eigenes eBook und Buch -
  weltweit in allen wichtigen Shops

- Verdienen Sie an jedem Verkauf

Jetzt bei www.GRIN.com hochladen
und kostenlos publizieren